BEI GRIN MACHT SICH IHR WISSEN BEZAHLT

- Wir veröffentlichen Ihre Hausarbeit,
  Bachelor- und Masterarbeit

- Ihr eigenes eBook und Buch -
  weltweit in allen wichtigen Shops

- Verdienen Sie an jedem Verkauf

Jetzt bei www.GRIN.com hochladen
und kostenlos publizieren

Sigrid Vollmann

Das Leben des Augustus - aus der Sicht verschiedener Literaten

GRIN Verlag

Bibliografische Information der Deutschen Nationalbibliothek:

Die Deutsche Bibliothek verzeichnet diese Publikation in der Deutschen National-
bibliografie; detaillierte bibliografische Daten sind im Internet über http://dnb.d-
nb.de/ abrufbar.

Impressum:

Copyright © 2002 GRIN Verlag GmbH
Druck und Bindung: Books on Demand GmbH, Norderstedt Germany
ISBN: 978-3-638-93474-9

Dieses Buch bei GRIN:

http://www.grin.com/de/e-book/14681/das-leben-des-augustus-aus-der-sicht-ver-
schiedener-literaten

GRIN - Your knowledge has value

Der GRIN Verlag publiziert seit 1998 wissenschaftliche Arbeiten von Studenten, Hochschullehrern und anderen Akademikern als eBook und gedrucktes Buch. Die Verlagswebsite www.grin.com ist die ideale Plattform zur Veröffentlichung von Hausarbeiten, Abschlussarbeiten, wissenschaftlichen Aufsätzen, Dissertationen und Fachbüchern.

Besuchen Sie uns im Internet:

http://www.grin.com/

http://www.facebook.com/grincom

http://www.twitter.com/grin_com

Das Leben des Augustus - aus der Sicht verschiedener Literaten

1 Sein Leben

63: Augustus wird geboren, er selbst übergeht in seinen „res gestae – Monumentum Ancyranum" diese Tatsache, deutet sie nicht einmal an, da er annimmt, dass sie Leser Zeitgenossen sind und das alles wissen. Sueton beschreibt zwar nicht die Geburt, aber die Familie sehr genau (4 Kapiteln) und meint, dass die Familie zuerst eine der angesehensten war, dann aber eine Familie zweiten Ranges geworden ist.[1] Er schreibt womöglich deswegen so genau darüber, um die Leute zu informieren, dass Augustus eigentlich nicht aus einer adeligen Familie stammte.

44: Cäsars Tod. Augustus geht auf den Tod Cäsars nicht genau ein, erwähnt immer, dass er Sachen auf Wunsche seines Vaters gemacht hat. Sueton schreibt, das Augustus seine Ansprüche geltend gemacht hat und „*seine Erbschaft antrat.*"[2]

43: Sieg von Augustus bei Mutina über Marcus Antonis. Das wird bei Sueton bestätigt. Er nennt allerdings auch Gründe: weil sich Marc Anton Augustus in den Weg gestellt hat anstatt ihn zu unterstützen, in zwei Schlachten wurde die Schlacht zugunsten des Augustus entschieden.[3]

Das Triumvirat erwähnt Augustus in einem Satz, nennt uns aber nicht die Mitregenten und wie lange das Triumvirat gedauert hat.

Auf die Proskriptionen geht Augustus auch nicht ein, da es eine schlechte Public Relation für ihn wäre. Sueton schreibt darüber folgendes: „*als diese aber begonnen worden waren, übte er sie rücksichtsloser als die anderen beiden.*"[4]

42: Schlacht bei Philippi; 5 Zeilen bei Sueton, in dienern er zwei Schlachten erwähnt, auch bei Augustus nur eine Zeile.

40: Aufteilung des Reiches: Sueton schreibt, dass Antonius den Osten bekam, sonst nichts; Augustus übergeht es, wahrscheinlich möchte er die Leute nicht darauf aufmerksam machen, dass er einmal nicht Alleinregent war.

36: Krieg in Sizilien: von Sueton bestätigt. Er beschreibt es sehr genau und nennt uns die Gründe für diesen Krieg. Wir erfahren auch, dass er unterbrochen wurde wegen der Instandsetzung der Flotte und dass der Krieg sich hinzog, aber dass am Ende Pompeius besiegt wurde. Bei Augustus wird dieser Krieg nicht wirklich erwähnt, wobei zu sagen ist, dass Augustus keinen Krieg beschreibt, sondern immer nur allgemein und dabei meint er, dass er immer nur geschont hat.

---

[1] Sueton: Augustus, 1988, 1ff.
[2] Sueteon, a.O. 8, 2
[3] Sueton, a.O. 10, 2
[4] Sueton, a.O. 27, 1

35-33: Feldzüge in Illyricum und Pannonien. Sueton spricht von einer Unterwerfung, die es ja auch im Jahre 12-9 gegeben hat. Augustus beschreibt die Feldzüge genauer und nennt uns sogar den Feldherren – den spätern Kaiser Tiberius.[5] Vielleicht war das ein politischer Schachzug, um den Leuten gleich die Tüchtigkeit des späteren Kaisers vor Augen zu führen.

31: Schlacht bei Actium. Augustus nennt sie in einem Satz. Wahrscheinlich deswegen weil Kleopatra und Marc Anton starben und das für ihn keine gute Werbung gewesen ist. Sueton schildert uns wieder die Gründe: Antonius hatte in seinem Testament Cleopatras Kinder zu Miterben ernannt und wollte in Alexandria begraben werden.[6] Er zwang Antonius zum Selbstmord und betrachtet noch dessen Leiche, aber auf der anderen Seite meint Sueton : *„nahm er niemals mit einer schweren Strafe Rache.“*[7]

27: Oktavian erhält den Ehrennamen Augustus. Weder bei Augustus noch bei Sueton erwähnt.

27-25: bei Augustus Kapitel 12, er informiert uns über folgendes: *„Als ich aus Spanien und Gallien nach glücklich vollbrachten Taten in diesen Provinzen [...] nach Rom zurückkehrte.“*[8] Die Unterwerfung der Kantabreer und Asturer erwähnt keiner von beiden → vielleicht nicht sehr spektakulär. Bei Cassius Dio werden diese beiden Völker allerdings erwähnt. Dazu meint er: *„Augustus selbst bekriegte zugleich die Asturer und Cantabrer.“*[9] Sie ließen sich, da sie zahlenmäßig unterlegen waren, in keinen Nahkampf verwickeln und belegten so die höher gelegenen Punkte. Augustus geriet dadurch in Bedrängnis und erkrankte sogar. Sein Feldherr Gaius Antistius besiegte die Völker dann, die sich – wahrscheinlich aus Geringschätzigkeit – doch noch zu Nahkämpfen hinreißen ließen.[10]

23: Volkstribun. In einem Satz bei Sueton erwähnt, da Augustus den Tod seines Vaters rächen wollte und er als Volkstribun mehr Möglichkeiten dazu hatte. Sueton schreibt aber auch, dass Augustus damals noch nicht Senator gewesen ist.[11] Augustus erwähnt tribunicische Gewalt nur im Zusammenhang mit Entstehung dieses Werkes.

20: Zurückeroberung der Feldzeichen der Parther. Augustus meint dazu: *„Mehrere Feldzeichen, die durch andere Feldherren verlorengegangen waren, habe ich nach völliger Besiegung der Feinde zurückgewonnen aus Spanien und Gallien und von den Dalmatiern. Die Parther zwang ich, die Beutestücke und Feldzeichen von drei römischen Heeren mir*

---

[5] Augustus: Meine Taten, 30
[6] Sueton, a.O. 17, 1
[7] Sueton, a.O. 21, 2
[8] Augustus, a.O. 21
[9] Cassius Dio, Römische Geschichte IV, 53, 25, 5
[10] Cassius Dio, 53, 25, 6f.
[11] Sueton, a.O. 10, 2

zurückzugeben und demütigend bittend um die Freundschaft des römischen Volkes nachzusuchen."[12]

Sueton hält sich dieses Mal kurz und bündig und meint nur: *„Auch die Parther traten ihm ohne weiteres Armenien ab, als er darauf Anspruch erhob, und gaben ihm auf sein Verlangen die Feldzeichen zurück."[13]*

18: Sitten und Ehegesetze. Augustus schreibt folgendermaßen darüber: *„Durch neue, auf meine Veranlassung eingebrachte, Gesetzte, habe ich zahlreiche vorbildliche Sitten der Vorfahren, die schon aus unserem Jahrhundert schwanden, wieder eingeführt und selbst für viele Dinge nachahmenswerte Beispiel der Nachwelt überliefert."[14]* Das ist jedoch sehr fragwürdig, da wir noch einiges zur Tugendhaftigkeit des Augustus im nächsten Kapitel erfahren werden. Es ist aber nicht verwunderlich, dass Augustus über dieses Thema so viel schreibt, bringt es ihm doch Pluspunkte und außerdem war er immer sehr stolz auf seine Neuerungen.

Sueton schreibt von Änderungen zum Beispiel im Heerwesen (für verschiedene Arten des Vergehens bestimmte Strafen) oder im Priestertum (erhöhte Zahl) und weiters beschreibt er Bräuche, die Augustus wieder eingeführt hat, nennt uns allerdings nur die Namen (Augurium, Luperkalienfest). Weiters berichtet er uns vom Luxusgesetz und vom Ehegesetz, beschreibt beide aber nicht genauer.[15]

16-15: Eroberung des Alpenraumes bis zur oberen Donau, Sueton erwähnt eben nur die Eroberung Pannonien und Illyricums, mehr nicht. Augustus beschreibt das ganze folgendermaßen: *„Die Alpen habe ich von der dem Adriatischen Meere zunächst liegenden Gegend bis zum Tuscanischen Meer befriedet, wobei ich kein Volk zu Unrecht bekriegte."[16]*

12-9: Eroberung Pannoniens, bei Sueton in einem Satz erwähnt, Augustus schreibt: *„Die Völker der Pannonier, zu denen vor meinem Prinzipat nie ein Heer des römischen Volkes gelangte, besiegte ich völlig durch Tiberius Nero."[17]* Hier wieder Propaganda für den nachfolgenden Kaiser.

12: Pontifex Maximus: erwähnt bei Sueton im Kapitel 31. Seine erste Tat als ein solcher war, dass er sämtliche Bücher mit Orakelsprüchen verbrennen ließ. Es fällt auf, dass dieses Motiv beim Antritt von Diktatoren oftmals in der Geschichte verwendet wird. Augustus selber meint dazu: *„ich war Pontifex Maximus."[18]*

---

[12] Augustus, a.O. 29
[13] Sueton, a.O. 21, 3
[14] Augustus, a.O. 8
[15] Sueton, a.O. 24.ff
[16] Augustus, a.O. 26
[17] Augustus, a.O. 30
[18] Augustus, a.O. 7

2: pater patriae. Das wird bei beiden erwähnt. Bei Augustus erfahren wir auch das genaue Datum: *„als ich zum 13. Mal das Konsulat innehatte, nannte mich Senat und Ritterstand und das gesamte römische Volk „Vater des Vaterlandes".".*[19]

Sueton schreibt hierzu nur: *„Den Beinamen „Vater des Vaterlandes" hat ihm das ganze Volk unvermutet und in vollster Übereinstimmung verliehen."*[20]

9 n. Chr.: Schlacht im Teutoburger Wald. Sueton erwähnt sie als eine der zwei Niederlagen, die Augustus je hatte (die zweite war die des Lollius). Sueton meint: *„Die Niederlage des Varus hätte beinahe zum Untergang des Reiches geführt, da drei Legionen mit dem Feldherrn, den Legaten und allen Hilfstruppen gänzlich geschlagen wurden"*[21], was wahrscheinlich ein Grund ist, warum Augustus diese Schlacht nicht erwähnt hat.

13: Hinterlegung der res gestae. Augustus schreibt selber darüber und zwar dass er die res gestae mit 76 Jahren geschrieben hat. Sueton erwähnt gar nichts Genaueres darüber, sondern erwähnt nur hin und wieder *„wie er es selber geschrieben hat."*

14: Tod. Sueton beschreibt diesen sehr genau (99-101). Augustus kämmte sich immer wieder die Haare. Er starb in den Armen seiner Frau Livia, zu der er folgende Worte sagte: *„Livia, gedenke stets unserer Ehe und lebe wohl!"*[22]. Er starb in dem selben Zimmer, in dem auch sein leiblicher Vater Octavius gestorben war. Augustus genaues Sterbedatum ist der 19. August in der neunten Stunde, fünfunddreißig Tage vor seinem 76 Geburtstag.

Da Augustus selber nicht über seinen Tod schreiben konnte, nehme ich hier auch noch Cassius Dio als Zeuge, der von all den Sachen, die Sueton beschreibt, nichts erwähnt. Dios Berichte ist viel länger, wir finden sogar das Testament des Augustus. Er meint, dass es Vorzeichen zu Augustus Tod gegeben hätte, da ein Blitz auf Augustus Standbild am Kapitol eingeschlagen und den ersten Buchstaben des Wortes Caesar getilgt habe.

Im Zusammenhang mit Augustus Tod geriet Livia in Verdacht. Augustus wollte sich mit Agrippa aussöhnen und Livia war deshalb in Furcht und bot ihm eine vergiftete Feige an. Seinen Gefährten sagte er vor seinem Ablbene folgendes: *„Ich übernahm Rom als eine Ziegelstadt und überlasse sie euch als eine Marmorstadt."*[23] Damit meinte er die Stärke des reiches.

In einem sind sich die beiden Autoren einig und zwar, dass Augustus am 19. Augusts starb. Sein Heimgang wurde – laut Dio – nicht sofort bekanntgegeben, da Livia einen Umsturz fürchtete zumal Tiberius noch in Dalmatien weilte. Augustus Testament holte Drusus aus dem

---

[19] Augustus, a.O. 35
[20] Sueton, a.O. 58, 1
[21] Sueton, a.O. 23, 1
[22] Sueton: Augustus, 1988, 99, 1
[23] Cassius Dio, a.O: 56, 31, 3

Hause der Vestalischen Jungfrauen. Zwei Drittel des Vermögens vermachte er Tiberius, das andere Drittel bekam Livia. Dem Volk hinterließ er 40 Millionen Sesterzen. Dieses Geld wurde untern den Prätorianern, den cohorten urbanae und den Bürgersoldaten aufgeteilt. Seiner Tochter Julia machte er einige Geschenke, holte sie jedoch nicht aus der Verbannung zurück.

Augustus Bahre wurde auf der Rednertribüne niedergesetzt. Danach verlas Tiberius eine Lobrede und hinterher wurde der Tote am Campus Martius auf einen Scheiterhaufen gelegt, den Centurionen mit Fackeln in Brand steckten.[24]

2 Allgemeines:

Gesandtschaft der Skythen und Inder wird bei beiden erwähnt. Augustus meint, dass diese Gesandtschaft nur wegen seiner Völkerfreundlichkeit zu ihm gekommen sei. Auch Sueton erwähnt den gleichen Grund. Allerdings erwähnt nur Augustus, dass der Partherkönig bei ihm Schutz gesucht hätte. Auch was das Heer in Äthiopien angeht, erfahren wir nur bei Augustus darüber. Zwei Heere wurden nämlich unter seiner Ermächtigung gleichzeitig nach Äthiopien geführt.[25] Gleichzeitig nennt er aber diese zwei Heer auch in Arabien

.

Augustus ließ zahlreiche Volkszählungen durchführen, die bei beiden erwähnt werden. Augustus jedoch nennt genauere Zahlen, während Sueton nur schreibt, dass diese straßenweise durchgeführt worden sind.[26] Daraus folgt, dass es Sueton nicht wirklich interessiert hat wie viele Menschen im römischen Reich vor einem Jahrhundert lebten, wo in seiner Zeit das Reich die größte Ausdehnung hatte.

Beide beschreiben Spiele. Augustus sagt, dass er drei Mal Gladiatorenspiele in seinem Namen und fünf Mal im Namen seiner Söhne und Enkel veranstaltet hatte, weiters bot Augustus zwei Mal das Schauspiel von Ringkämpfen. Er hielt auch Jahrhundertspiele und Marsspiele sowie Jagden afrikanischer Tiere auf dem Forum oder in den Amphitheatern ab. Auch das Schauspiel einer Seeschlacht veranstaltete Augustus. *„Dabei stritten dreißig mit einem Rammsporn versehene Drei- oder Zweiruderer, und ferner eine noch größere Anzahl kleinerer Schiffe miteinander.“*[27]

---

[24] Cassius Dio, a.O. 56, 29ff
[25] Augustus: Meine Taten, 26
[26] Sueton, a.O. 39,2
[27] Augstus, a.O. 23

7

Sueton beginnt die Kapiteln Schauspiele gleich mit dem Satz: „*Er übertraf alle seine Vorgänger an Zahl, Vielfalt und Prunk der Spiele.*"[28] Sueton gibt uns genau Aufschluss darüber, welche Besonderheiten oder Änderungen Augustus vorgenommen hatte und wo die Spiele jeweils stattgefunden hatten. So ließ er z. B. einmal die Geiseln der Parther mitten durch die Arena laufen, um sie dem Publikum vorzuführen.[29]

Augustus erwähnt nichts von Reichsverwaltung, sonder schreibt immer nur von Reichserweiterungen, während wir bei Sueton die Verwaltung kennenlernen. Er teilt das Reich in Provinzen und besetzt sie mit Prokonsuln, wenn sie schwierig zu verwalten waren, nahm er selbst die Verwaltung in seine Hände. Er verteilte Legionen und Hilfstruppen auf die einzelnen Provinzen sowie die Flotten.[30]

Sueton beschreibt auch Augustus Körperpflege sehr genau. Wir erfahren, dass Augustus Muttermale die Form des großen Bären bildeten.[31]

Auch schriftstellerisch war Augustus sehr begabt und er förderte auch andere Talente wie z. B. Vergil und Ovid. Er selbst schrieb sogar ein lyrisches Werk mit dem Namen „Sizilien".[32] Er hatte einen einfach und eleganten Stil. Außerdem erwähnt Sueton, dass Augustus hin und wieder Silben ausgelassen oder verwechselt hat und dass er grammatikalisch falsch schrieb.[33]

Sueton erwähnt auch, dass es Vorzeichen auf Augustus Geburt gab. Eine davon war, dass in Velitrae ein Teil der Stadtmauer von einem Blitz getroffen worden war und daraus verband sich der Orakelspruch, dass ein Bürger dieser Stadt sich irgendwann einmal der Herrschaft bemächtigen werde.[34]

3 Augustus Tugenden und Ausschweifungen:

Dieses Kapitel behandelt Sueton gleich im Anschluss an Augustus Ausschweifungen, wobei er den Tugenden insgesamt 7 Kapiteln widmet und seinen Ausschweifungen nur vier. Wahrscheinlich macht Sueton das, um nicht nur einseitig zu schreiben, aber um dich Augustus eher als positiven Menschen darzustellen. Außerdem bleibt das zu letzt gehörte immer besser in Erinnerung.

3.1 Augustus Aussschweifungen

---

[28] Sueton, a.O. 43, 1
[29] Sueton, a.O. 43, 4
[30] Sueton, a.O. 47ff.
[31] Sueton, a.O: 80
[32] Sueton, a.O. 85, 2
[33] Sueton: Augustus, 1988, 86ff.

Auch ich bleibe Suetons Reihenfolge treu und beginne daher mit den schlechten Eigenschaften (oder Laster, wie Sueton sie nennt) des Augustus.

Diese behandelt er in den Kapiteln 68 – 71. Sueton beginnt am Anfang gleich damit, dass Augustus Cäsar seine Unschuld verkauft hätte, um adoptiert zu werden und diese dann noch einmal Aulus Hirtius in Spanien „*für einen Betrag von dreihunderttausend Sesterzen.*"[35] Augustus habe auch verheiratete Frauen (oft vor den Augen der Ehemänner) verführt.[36] Im Kapitel „Augustus tugendhafte Leistungen" wird diese Tatsache von Sueton jedoch entschuldigt, in dem er folgendes meint: „*und er war auch später noch, wie man berichtet, jungen Mädchen sehr zugetan, die ihm von allen Seiten, sogar von seiner Gattin, vermittelt wurden.*"[37] Außerdem hat er seine Frau nur aus politischen Schachzügen betrogen, um dann von den Frauen, die ja verheiratet waren, einige über die Ideen ihrer Männer zu erfahren.[38] Augustus selber erwähnt nichts von seinen Ausschweifungen. Er schreibt über sich selber – wer würde das nicht machen – immer nur als gut, erwähnt hierbei jedoch meist immer nur Geldspenden, die er für Bauwerke oder diverse Leute aus seiner Privatkasse gegeben hat.

3.2 Augustus Tugenden

Auf der anderen Seite beschreibt Sueton in den nachfolgenden Kapiteln (72-78= Augustus Tugenden, womöglich um diese noch besser erscheinen zu lassen, stellt er sie hinter seine Ausschweifungen. In diesen Kapiteln entschuldigt er Augustus Ausschweifungen indem er sagt: „*in den übrigen Lebensbereichen war Augustus erwiesenermaßen äußerst enthaltsam.*"[39] Zu seinen guten Eigenschaften gehörte auch, dass er in einfachen Häusern – zuerst in einem Haus des Redners Calvus am Forum Romanum und später dann am Palatin *"aber dort lediglich in einem anspruchslosen Haus des Hortensius, das weder durch Geräumigkeit noch durch Luxus hervorstach, in dem sich vielmehr nur niedrige Hallen mit Säulen aus Peperin und Gemächer ohne Marmor und auffallende Mosaikböden befanden.*"[40] Sueton meint weiters, dass Augustus sich angeblich in großen und räumigen Palästen unwohl gefühlt hätte[41] und den Palast seiner Tochter Julia hat er zerstören lassen, da dieser doch etwas prunkvoller war. Seine eigenen Paläste stattete er mit bedeckten Kolonnaden und Parkanlage aus. Wobei hier schon merkwürdig ist, dass er nicht nur einen Palast besitz

---

[34] Sueton, a.O. 94, 2
[35] Sueton, a.O. 68
[36] Sueton, a.O. 69, 1
[37] Sueton, a.O. 71, 1
[38] Sueton, a.O. 69, 1
[39] Sueton, a.O. 72, 1
[40] Sueton, a.O. 72, 1
[41] Sueton: Augustus, 1988, 72, 3

sondern mehrere, dafür diese alle mit bescheidener Wohneinrichtung. Kommt das nicht auf das gleiche hinaus? Ein prunkvoller Palast oder viele kleine nicht so prunkvolle?

Weiters schließ er – egal zu welcher Jahreszeit – in ein und demselben Gemach, obgleich er wusste, dass das Klima in Rom im Winter für seine Gesundheit nicht wirklich angenehm war. Trotzdem hielt er sich ständig in diesem einen Zimmer auf.

Hieraus sieht man, dass es für die nachfolgenden Kaiser anscheinen Gang und Gebe war, nicht immer im gleichen Zimmer zu schlafen, denn wäre es so gewesen, dann hätte Sueton wohl dieses Detail nicht beschrieben.

Sueton zählt auch auf, wo Augustus sich zurückgezogen hatte, wenn er krank war oder Ruhe brauchte, nur ist das irgendwie komisch, dass das zu Augustus Tugenden zählt.

Augustus Mobiliar war für einen Kaiser der damaligen Zeit eigentlich unüblich. Alles deutet auf Sparsamkeit hin und Sueton ergänzt: *„Die Sparsamkeit seiner Verwendung von Mobiliar und Hausrat wird aus den heute noch existierenden Betten und Tischen deutlich, deren meiste wohl kaum für einen Privatmann fein genug sein dürften.“*[42] Augustus Bette solle angeblich sehr bescheiden und niedrig gewesen sein.

Ebenso seine Kleidung. Diese wurde immer von Schwester, Gattin oder Enkelinnen angefertigt. Die Kleidung war weder zu groß noch zu eng, die Schuhe etwas höher, damit er größer erschien. (Hinweis auf Eitelkeit!!!)

Als weitere gute Eigenschaft wird bei Sueton aufgezählt, dass Augustus meist zu den Saturnalien oder wann immer es ihm beliebte, Geschenke gemacht habe. Wobei die Geschenke sowohl Kleider, Ziegenhaar, Schwämme etc. oder Geld gewesen sind. Im gleichen Atemzug meint Sueton jedoch: *„Gewöhnlich verkaufte er während des Gastmahles Lose für Gewinne von sehr ungleichem Wert und Gemälde, von denen lediglich die Rückseite zu sehen war.“*[43] Dieses Zitat hat wohl eher schlechten Beigeschmack.

Augustus selber äußert sich auch hierzu und geht genau auf den Zeitpunkt seiner Spenden ein und widmet ihnen im Gegensatz zu anderen Kapiteln eher viele Zeilen. *„Und als ich im zwölften Lebensjahr die tribunicische Gewalt innehatte, habe ich 400 Sesterzen zum dritten Mal Mann für Mann gegeben. Diese meine Spenden kamen niemals weniger als 250000 Menschen zugute.“*[44]

Im Kapitel 76 erfahren wir, dass Augustus nicht sehr viel aß, sondern dass die Speisen eher sehr knapp bemessen waren. *„Besonders schätze er einfaches, weißes Brot, winzige Fische,*

---

[42] Sueton, a.O. 73
[43] Sueton, a.O. 75
[44] Augustus, a.O. 15

handgepressten Käse mit Löchern und frischen Feigen, von jeder Sorte, die zweimal im Jahr reif waren."[45] Auch den Wein konsumierte der Kaiser nur in gewissen Maße. Wenn er reichlich trinken wollte, reichte Augustus dafür ein Liter. Unter tags trank Augustus nichts außer kaltem Wasser.

Weiters gab Augustus in seinem 11. Konsulat Getreidespenden, wobei das Getreide mit seinem Privatvermögen bezahlt worden war.[46] Sueton meint dazu, dass Augustus zwar Getreide verteilt hätte, jedoch erwähnt er nichts von einem Kauf aus der Privatkassa.[47]

Augustus nennt uns eine weitere gute Eigenschaft von ihm (oder war es eher ein politischer Schachzug?) und zwar hat er mit seinem Privatvermögen vier Mal die Staatskasse unterstützt. Wenn die Staatskasse zum Bersten voll war (aus dem Grund, dass das Vermögen Verurteilter dem Staatsgeld einverleibt wurde!) *"überließ er es für einen bestimmten Zeitraum zinsenfrei denen, welche die doppelte Sicherheit zu leisten imstande waren.*"[48]

Auch Cassius Dio erwähnt einige gute Eigenschaften des Augustus im Zusammenhang mit der Lobrede des Tiberius – angesichts des Todes des Augustus – im 56. Buch. So erwähnt er z. B. : *"Denen, die über gewisse Vorzüge verfügten, gestattete er neidlos, ihm gleichzukommen, rügte es aber auch nicht, wenn Leute eine irgendwie andere Lebensweise führten.*"[49] Er strafte angeblich auch nur diejenigen – auch wenn die einen Anschlag gegen ihn geplant hatten – von denen er merkte, dass sie sich selber nicht mehr nützen konnten. Den übrigen Tätern des Attentates gab er einfach keine Möglichkeit mehr, einen erneuten Grund für einen Anschlag zu finden.[50]

Weiters belohnte er diejenigen, die Kinder gebaren oder eine Ehe eingingen. Und er gewährte Redefreiheit wie er auch große Geldmittel aus seinem eigenen Vermögen schenkte.[51]

4 Augustus Bautätigkeit

Augustus widmet der Bautätigkeit unter ihm 3 Kapitel, was für seinen Standard ziemlich viel ist.

Sueton hingegen widmet ihr 15 Kapitel, wobei jedoch zu erwähnen ist, dass er alles viel genauer beschreibt, warum dieses Bauwerk wo gebaut worden ist.

---

[45] Sueton, a.O. 76, 1
[46] Augustus, a.O. 15
[47] Sueton: Augustus, 1988, 41, 2
[48] Sueton, a.O. 41, 1
[49] Cassius Dio: Römische Geschichte IV, 1986, 56, 40, 6
[50] Cassius Dio, a.O. 56, 40, 7
[51] Cassius Dio, a.O. 56, 41, 6ff.

Bei der Bautätigkeit ist zu unterscheiden zwischen neu erbauten, wiederhergestellten und auf Augustus Grund erbauten Gebäuden/Tempeln.

Zu den neu erbauten Gebäuden unter Augustus meint Weber in seinem Werk Princeps. Studien zur Geschichte des Augustus. Band 1, Stuttgart-Berlin 1936, dass folgendes Bild gezeichnet wird: *„das Bild eines herrscherlich selbstlos schenkenden Bürgers, der als Bauherr und Spielgeber handelt wie keiner zuvor, der alles für die Götter und die Gemeinschaft, nichts um seinetwillen unternimmt.“[52]*

Als von ihm erbaute Bauwerke werden hierbei genannt:

Curia (42 v. Chr.) und Chalcidium 8Heiligtum der Minerva), Apollotempel (36 v. Chr nach dem Sieg bei Mylae), Lupercal, die Säulenhalle des Circus Flaminius, das Pulvinar (kaiserliche Logen beim Circus), die Tempel des Jupiter Feretrius und des Jupiter Tonans (Jupiter der Donnerer, Weihung 22. v. Chr für die Rettung aus der Gefahr, bei Sueton erwähnt), den Tempel des Quirinus (Romolus nach seiner Vergöttlichung, 16. v. Chr), die Tempel der Minerva und der Königin Juno, das Larenheiligtum, den Tempel der Penaten und den Tempel des Apollo Palatinus, den er 36 nach der Schlacht bei Naulochoi gegen Pompeius gelobte und dann auch gebaut hat.

Bei Sueton werden ergänzend noch folgende Bauwerke genannt: Mars Ultor Tempel (nach Schlacht bei Philippi, dort sollte Senat über Krieg und Triumphe beraten), Apollotempel (entstand in dem Teil eines Hauses am Palatin, in den Blitz eingeschlagen hatte), Forum (wegen der großen Anzahl der Menschen und von Prozessen, musste noch ein drittes Forum gebaut werden → erwähnt nicht, dass Augustus es wahrscheinlich aus Selbstverherrlichung gemacht haben könnte!!!!)

Beide erwähnen die Schließung des Janustempels, der vor Augustus Herrschaft seit Gründung der Stadt nur zweimal geschlossen gewesen war. Zu seiner Zeit wurde er aber drei Mal geschlossen. Der Tempel wurde nämlich immer in Friedenszeiten geschlossen → spricht für Augustus.

Das Kapitel 20 widmet Augustus den wiederhergestellten Bauten. Weber meint dazu: *„breiter, wortreicher, er spricht vom Aufwand, von den Dedikationsinschriften, von den Ursache des Zustandes des älteren Baues, von der Art der Erweiterung des einen, von der Baugeschichte der Basilika, der Sicherung ihrer Vollendung, von der umfassenden Restaurationsarbeit an den alten Tempeln überhaupt.“[53]*

---

[52] W. Weber: pRinceps. Studien zur Geschichte des Augustus 1, 1936, 186
[53] Weber, a.O. 188

Das Kapitol (hier ist der Tempel des Jupiter Capitolinus gemeint, 28. v. Chr.) und das Theater des Pompeius ließ er wiederherstellen *„unter großem Aufwand ohne jegliche Aufschrift meines Namens"*[54] wie er betont.

Sakralbauten ließ er wiederherstellen und machte ihnen reiche Geschenke. Es wird jedoch nicht bekannt, ob aus eigener Tasche oder nicht → weder Verherrlichung noch das Gegenteil, meint Sueton.

Die Wasserleitungen, die schon verfallen waren, hat er repariert. Das Forum Julium und die Basilika, die zwischen dem Saturn und dem Castortempel lag, hat er vollendet. Insgesamt hat er 82 Göttertempel in der Hauptstadt mit der Ermächtigung des Senates wiederhergestellt.[55]

Bei Sueton erfahren wir dazu bloß, dass er einige Bauwerke im Namen anderer errichten ließ, jedoch gleichzeitig die übrigen Männer Roms aufforderte, die Stadt zu schmücken.

Aus dem Beuteerlös ließ Augustus *„auf eigenem Grund und Boden"*[56] den Tempel des Mars (Kriegsbeute von Philippi) und das Augustusforum erbauen, *„das Theather beim Tempel des Apollo habe ich großteils von Privaten gekauftem Grunde erbaut."*[57]

Sueton nennt Gründe für dieses und jenes Bauwerk. So erfahren wir von ihm z. B., dass er den Marstempel erbaut hatte, weil ihn im Kriegt bei Philippi gelobt hatte, um Rache für seinen Vater zu nehmen.[58]

Sueton erwähnt nur ganz kurz, dass einige Bauten erneuert wurden, während das bei Augustus ausführlicher beschrieben wird, woraus sich erkennen lässt, dass für Sueton eher die Neubauten wichtig waren.

4.1 was fehlt an Bauwerken, die von ihm selber errichtet wurden, in seinem Werk?

Obelisk, der als Sonnenuhr diente (erwähnt bei Plinius, naturalis historia 36, 71)

Zum Abschluss möchte ich mit einem Zitat von Cassius Dio enden, das wie folgt lautet. *„Das aber widerstand ihm [Alleinherrschaft] und so machte er wie ein guter Arzt, der einen kranken Körper in seine Obhut nimmt und heilt, zunächst den ganzen Staat gesund und gab ihn dann uns zurück."*[59]

---

[54] Augustus, a.O. 20
[55] Augustus, a.O. 20
[56] Augustus, a.O. 21
[57] Augustus, a.O. 21, späteres Marcellus Theater (Marcellus war der verstorbene Schwiegersohn des Augustus, 11. v. Chr.)
[58] Sueton, a.O. 29,2
[59] Cassius Dio, a.O. 56, 39, 2

5 Literaturverzeichnis:

Augustus: Meine taten, 1943

Cassius Dio: Römische Geschichte IV, 1986

Plinius: Naturalis historia V, 1860

A.Scheithauer : Kaiserliche Bautätigkeit in Rom. Das Echo in der antiken Literatur, 1994

T.Suetonis/D. Schmitz (Hrsg.): Die Kaiserviten des c. Suetonis Tranquillus. Augustus, 1988

W. Weber: Princeps. Studien zur Geschichte des Augustus, Band 1, 1936